DROIT INTERNATIONAL PRIVÉ

LES ÉTRANGERS

DEVANT LES TRIBUNAUX FRANÇAIS

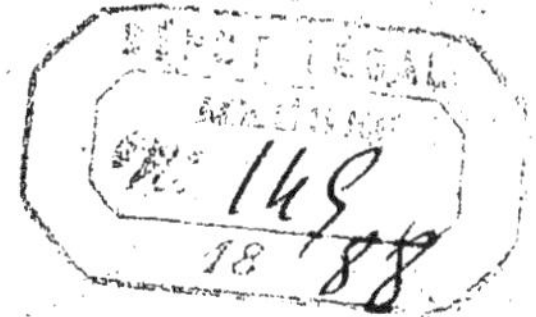

DROIT INTERNATIONAL PRIVÉ

LES ÉTRANGERS

DEVANT LES TRIBUNAUX FRANÇAIS

CLAUSE DU « LIBRE ET FACILE ACCÈS »

CLAUSE DU « TRAITEMENT DE LA NATION LA PLUS FAVORISÉE »

PAR

RENÉ VINCENT

AVOCAT A LA COUR D'APPEL DE PARIS

PARIS

L. LAROSE ET FORCEL

Libraires-Editeurs

22, RUE SOUFFLOT, 22

1888

DROIT INTERNATIONAL PRIVÉ

LES ÉTRANGERS

DEVANT LES TRIBUNAUX FRANÇAIS

CLAUSE DU « LIBRE ET FACILE ACCÈS »

CLAUSE DU « TRAITEMENT DE LA NATION LA PLUS FAVORISÉE »

PAR

RENÉ VINCENT

AVOCAT A LA COUR D'APPEL DE PARIS

PARIS

L. LAROSE ET FORCEL

Libraires-Editeurs

22, RUE SOUFFLOT, 22

1888

IMPRIMERIE
CONTANT-LAGUERRE
LVX VITAM
BAR-LE-DUC

LES ÉTRANGERS

DEVANT LES TRIBUNAUX FRANÇAIS.

I.

Clause du « libre et facile accès. »

Si la jurisprudence érige au rang d'un principe l'incompétence des Tribunaux français sur les contestations entre étrangers, en matière personnelle mobilière (principe fort discuté par les auteurs[1]), les exceptions apportées à cette règle, soit en

[1] Bonfils, *De la compétence des tribunaux français à l'égard des étrangers* p. 211 ; — Demangeat, *Histoire de la condition civile des étrangers*, p. 85 ; — Fœlix et Demangeat, *Traité de droit international privé*, t. 1, p. 146 ; — Glasson, *De la compétence des tribunaux français entre étrangers*, *France judiciaire*, 1880-81, p. 241, et *Journal du droit international privé*, 1881, p. 105 ; — Gerbaut, *De la compétence des tribunaux français à l'égard des étrangers*, p. 384 ; — Durand, *Essai de droit international privé*, p. 434 et s. ; — Despagnet, *Précis de droit international privé*, p. 232 et s. ; — Weiss, *Traité élémentaire de droit international privé*, p. 933 et s. ; — Vincent et Pénaud, *Dictionnaire de droit international privé*, v° *Compétence en matière civile*, n. 224 et s.

Dans le sens de la jurisprudence, voyez en doctrine : Féraud-Giraud, *De la compétence des tribunaux français pour connaître des contestations entre étrangers*, *Journal du droit international privé*, 1880, p. 137 et 225 ; — *De la compétence des tribunaux français pour connaître des contestations entre époux étrangers*, *eod. loc.*, 1885, p. 225 et 375.

vertu du droit commun, soit par application des conventions internationales, sont si nombreuses et d'une importance pratique telle, que l'extranéité des parties ne fait pas obstacle, dans la plupart des cas, à ce que les Tribunaux connaissent des contestations entre étrangers.

La nature du litige, le caractère de la mesure sollicitée, la source de l'obligation dont l'exécution fait l'objet de la demande influent sur la compétence du juge.

Aussi les Tribunaux se reconnaissent-ils compétents pour statuer, entre étrangers, sur les contestations commerciales[1], sur les demandes d'aliments[2], sur les instances en *exequatur* de jugements étrangers[3], sur les actions en réparation de délits[4]

[1] Voy. notamment : Cass. 26 avril 1832, S. 32.1.455, D. 32.1.184; — 7 juillet 1845, D. 45.1.331; — 18 août 1856, S. 57.1.586, D. 57.1.39; — 9 mars 1863, S. 63.1.225; — 10 juillet 1865, S. 65.1.350; — Aix, 28 août 1872, S. 73.2.265; — Nancy, 22 nov. 1873, S. 74.2.13; — Cass., 22 novembre 1875, S. 76.1.213, D. 77.1.373; — Paris, 9 novembre 1878, *Journ. du dr. int. pr.*, 1879, p. 62; — Douai, 16 juillet 1879, *eod. loc.*, 1880, p. 577; — Chambéry, 11 février 1880, S. 81.2.237; — Paris, 10 juillet 1880, *Journ. du dr. int. pr.*, 1880, p. 474; — Cass., 19 décembre 1881, D. 82.1.272; — Bordeaux, 10 avril 1883, S. 83.2.160; — Paris, 21 mai 1885, D. 86.2.14.

[2] Paris, 29 septembre 1859; — Trib. Seine, 14 août 1869, *Journ. du dr. int. pr.*, 1874, p. 46; — 10 mai 1876; — 22 mai 1877; — 3 mai 1879, *Droit* du 14 juin 1879. — En sens contraire, Paris, 24 août 1875, S. 76.2.212; — Alger, 16 janvier 1882, *Droit* du 5 août.

[3] Cass., 10 mars 1863, S. 63.1.293; — Paris, 11 février 1865, *Bull. Paris*, 1865, p. 929; — 22 février 1869, S. 69.2.144; — Pau, 17 janvier 1872, S. 72.2.233; — Trib. Seine, 1er août 1879, *Journ. du dr. int. pr.*, 1879, p. 546; — 5 juillet 1881, *eod. loc.*, 1882, p. 530; — Paris, 13 janvier 1885, *eod. loc.*, 1885, p. 553; — Trib. Seine, 3 déc. 1885, *Droit* du 5 décembre.

[4] L'étranger peut exercer l'action civile en réparation d'un délit commis par un étranger en se portant partie civile devant le juge de répression. — — Cass., 15 avril 1842, S. 42.1.473; — 18 février 1846, S. 46.1.321; — Dijon, 13 juillet 1881, *Journ. du dr. int. pr.*, 1885, p. 301; — Trib. Seine, 9 avril 1884, *eod. loc.*, 1885, p. 303; — Cass., 12 février 1885, S. 87.1.446. — Il peut également saisir directement les Tribunaux civils. — Demolombe, t. 1, n. 161; Weiss, *op. cit.*, p. 827; Despagnet, *op. cit.*, p. 236; Massé, *Droit com.*, t. 1, n. 655; Féraud-Giraud, *op. cit.*, p. 164; Gerbaut, *op. cit.*, p. 316. — *Contrà :* Fœlix et Demangeat, *op. cit.*, t. 1, p. 344; Bonfils, *op. cit.*, p. 175; Soloman, *Condit. des étr.*, p. 94.

ou de quasi-délits[1] commis en France, et d'une façon générale, sur l'exécution des obligations dérivant du droit naturel et des gens[2].

Quel que soit le caractère du litige, les Tribunaux sont compétents, sauf en matière d'état, lorsque l'étranger défendeur a un domicile ou même une simple résidence en France, alors d'ailleurs qu'il ne justifie pas avoir conservé de domicile à l'étranger[3].

Nous ne parlons ici que du domicile de fait, car lorsqu'une des parties en cause, demandeur ou défendeur, a été autorisée à établir son domicile légal en France, conformément à l'article 13 du Code civil, les Tribunaux sont toujours compétents, comme ils le seraient à l'égard d'un plaideur français, même en matière d'état[4].

[1] Paris, 21 mars 1862, S. 62.2.411; — Cass., 31 mars 1875, *Journ. du dr. int. pr.*, 1876, p. 272. — Féraud-Giraud, *op. cit.*, p. 165; Gerbaut, *op. cit.*, p. 317; Demolombe, t. 1, n. 161; Aubry et Rau, t. 8, p. 146.

En matière d'abordage survenu dans les eaux françaises, voyez les décisions citées par MM. Vincent et Pénaud, *Dictionnaire de droit international privé*, v° *Abordage*, n. 116.

[2] Alger, 6 juin 1870, S. 71.2.45, et la jurisprudence sur les mesures provisoires ou conservatoires. — V. De Boeck, *Dissertation* sous Besançon, 30 novembre 1887, D. 88.2.113.

[3] Cass., 8 avril 1851, S. 51.1.335, D. 51.1.137; — 7 mars 1870, S. 72.1. 361; — Paris, 16 décembre 1876, *Journ. du dr. int. pr.*, 1877, p. 39; — Trib. Seine, 18 mars 1880, *eod. loc.*, 1880, p. 191; — 17 octobre 1881 et 22 décembre 1881, *eod. loc.*, 1882, p. 414 et 415; — 21 février 1884 et 9 août 1884, *eod. loc.*, 1884, p. 488 et 499; — 7 avril 1886, et Paris, 6 juillet 1886, *eod. loc.*, 1886, p. 192 et 228; — Trib. Seine, 12 février 1887, *eod. loc.*, 1887, p. 314. — Même en matière d'état, la compétence des Tribunaux français a été admise par de récentes décisions, conformément à la Doctrine, lorsqu'il s'agit d'étrangers établis en France sans posséder de domicile à l'étranger, ou sans avoir conservé de nationalité permettant aux Tribunaux étrangers de connaître de la contestation. — Aix, 4 mai 1885, S. 87.2.234; — Lyon, 23 février 1887, *Journ. du dr. int. pr.*, 1887, p. 469; — Dijon, 7 avril 1887, S. 88.2.93; — Trib. Seine, 11 janvier 1888, *Droit* du 26 janvier; — 10 mars 1888, *Droit* du 29 mars; — 19 mai 1888, *Droit* du 20 mai.

[4] Cass., 23 juillet 1855, S. 56.1.148; — Metz, 26 juillet 1865, S. 66.2.237; — Trib. Marseille, 23 avril 1875, *Journ. du dr. int. pr.*, 1876, p. 185; — Trib. Seine, 5 janvier 1887, *Droit* du 10 janvier; — 12 mai 1887, *Droit* du

Enfin, il est généralement admis que l'exception d'incompétence tirée de l'extranéité des parties doit, comme toute exception *ratione personæ*, être proposée *in limine litis*[1].

Il est vrai que la compétence des Tribunaux est purement facultative et que le juge conserve le droit de se dessaisir d'office, alors même que les parties lui auraient attribué juridiction tacitement ou expressément[2]; mais, en fait, les tribunaux usent très rarement de cette faculté[3].

§

Tel est, résumé en quelques lignes, le droit cômmun sur la compétence des Tribunaux français à l'égard des étrangers.

A côté du droit commun, le droit conventionnel, résultant de traités diplomatiques dont l'application parait avoir été longtemps négligée ou écartée, permet aux étrangers de réclamer justice des Tribunaux.

On rencontre en effet dans un certain nombre de conventions internationales des dispositions particulières qui, depuis des décisions récentes qui en ont apprécié le sens et la portée, sont appelées à être souvent invoquées dans les débats intéressant les étrangers. Ce sont les clauses du « libre et facile accès auprès des Tribunaux » et du « traitement de la nation la plus favorisée. »

Nous nous occuperons en premier lieu dans cette courte étude de la clause dite du « libre accès. »

22 mai; — 20 avril 1886 joint à un jugement du 14 juin 1887, *Droit* du 1er juillet; — 21 décembre 1887, *Droit* du 29 décembre; — 27 février 1888, *Droit* du 11 avril.

[1] Voir les décisions citées, *Dictionnaire de droit international privé*, v° *Compétence en matière civile*, n. 347 et 357.

[2] Paris, 18 mars 1885, *Journ. des trib. de com.*, 1886, p. 266.

[3] Paris, 7 mai 1875, D. 76.2.137; — Trib. Seine, 22 août 1878, *Journ. du dr. int. privé*, 1878, p. 503; — 27 décembre 1881, *eod. loc.*, 1882, p. 309; — Amiens, 25 février 1882, *eod. loc.*, 1883, p. 63; — Paris, 3 août 1887, *Droit* du 30 octobre.

Nous en empruntons le texte au traité de commerce et de navigation franco-espagnol du 6 février 1882, à propos duquel la Cour de cassation s'est prononcée en 1885.

Voici en entier l'article 3 de ce traité qui reproduit textuellement les termes de l'article 2 de la convention consulaire franco-espagnole du 7 janvier 1862 :

« Les Français en Espagne et les Espagnols en France jouiront « réciproquement d'une constante et complète protection pour leurs « personnes et leurs propriétés, et auront les mêmes droits (excepté « les droits politiques) et les mêmes privilèges qui sont ou seront « accordés aux nationaux à la condition toutefois de se soumettre « aux lois du pays.

« Ils auront en conséquence un *libre et facile accès auprès des « Tribunaux* de justice tant pour réclamer que pour défendre leurs « droits, à tous les degrés de juridiction établis par les lois ; ils pour- « ront employer dans toutes les instances les avocats, avoués et « agents de toute classe qu'ils jugeront à propos, et jouiront enfin, « sous ce rapport, des mêmes droits et avantages déjà accordés ou « qui seront accordés aux nationaux. »

Des deux paragraphes qui composent cet article du traité franco-espagnol, le premier a une importance considérable ; il assimile l'étranger au national ; les Espagnols en France peuvent réclamer la jouissance de tous les droits réservés aux Français ; il ne nous paraît pas possible d'interpréter autrement le texte du traité.

Ces dispositions si favorables pour les Espagnols sont tout à fait exceptionnelles[1] ; dans beaucoup de traités où se rencontre la clause du « libre accès, » les Hautes Parties contractantes se sont bornées à stipuler en faveur de leurs ressortissants le droit de s'adresser aux Tribunaux de justice dans toutes les instances et à tous les degrés de juridiction.

[1] Voy. aussi le traité franco-serbe du 18 janvier 1883 (art. 4).

§

Quel est l'effet et quelle est la portée de la clause du « libre accès? »

En matière de compétence, c'est en 1857, devant la Cour de cassation, qu'elle paraît avoir été discutée et appréciée pour la première fois en justice, à propos du traité d'Utrecht du 11 avril 1713, dans un débat entre Anglais. L'article 8 de ce traité est ainsi conçu : « Les voies de la justice ordinaire seront ouvertes et le cours en sera libre réciproquement dans tous les royaumes, terres et seigneuries de Leurs Majestés, et leurs sujets, de part et d'autre, pourront librement y faire valoir leurs droits, actions et protestations, suivant les lois et statuts de chaque pays. »

La Chambre des requêtes, à la suite d'un très intéressant rapport de M. le conseiller Nachet, a décidé[1] :

« Qu'en supposant que les lettres patentes du 13 avril 1713, con-« tenant ratification du traité conclu à Utrecht le 11 avril 1713, « eussent été enregistrées, conformément à l'ancien droit public de « la France, ce qui n'apparaît pas, et que ce traité fût encore en vi-« gueur, l'article 8 invoqué par le demandeur ne saurait imposer aux « Tribunaux français le devoir de connaître des contestations nées « entre les Anglais ; — que cet article, sainement entendu, se borne « à conférer aux Anglais le droit de poursuivre devant les Tribunaux « français les actions qu'ils auraient à faire valoir contre des Fran-« çais, et à ceux-ci le droit d'actionner, en Angleterre, leurs débi-« teurs anglais ; créant ainsi une réciprocité spéciale que l'article 15 « du Code civil a généralisée en faveur de tous les étrangers, indé-« pendamment des traités. »

La clause du « libre accès » a été de nouveau invoquée en 1878, puis en 1881, devant la première chambre du Tribunal

[1] 27 janvier 1857, S. 57.1.161.

civil de la Seine, à l'occasion cette fois d'un traité postérieur au Code civil; dans la première affaire, il s'agissait entre Espagnols d'une demande en mainlevée d'opposition à mariage, et, dans la seconde, d'un procès en nullité de mariage engagé entre deux époux espagnols : M. le comte San Antonio, fils du maréchal Serrano, et Mme Martinez de Campos. Pour faire retenir la cause par le Tribunal, on invoquait l'article 2, que nous avons cité plus haut, de la convention consulaire franco-espagnole du 7 janvier 1862; mais le Tribunal, dans l'une et l'autre affaire, s'est déclaré incompétent :

« Le traité du 7 janvier 1862, a déclaré la première Chambre dans « son jugement du 22 août 1878, n'a eu nullement pour but d'obli- « ger les Français et les Espagnols à se soumettre à la juridiction « d'un Tribunal étranger pour des questions relatives au statut per- « sonnel; rien dans le texte de ce traité n'autorise à penser que les « Hautes Parties contractantes aient entendu apporter un changement « aussi radical aux principes fondamentaux en matière de compé- « tence[1]. »

Les motifs donnés en 1881 par le Tribunal sont différents :

« La convention consulaire du 7 janvier 1862, est-il dit dans le « jugement du 27 décembre 1881, s'est placée exclusivement au point « de vue des intérêts matériels; c'est dans cet ordre d'idées que ren- « tre la disposition qui assure aux Français en Espagne et aux Espa- « gnols en France « une constante et complète protection pour leurs « personnes et leurs propriétés; » cette disposition n'a eu pour but « que de garantir la sécurité des biens comme des individus; en « accordant aux membres des deux nations « un libre et facile accès « auprès des Tribunaux de justice, » la convention ne fait, suivant « ses propres termes, que tirer « la conséquence » de ladite disposi- « tion, en levant les obstacles de forme qui tendraient à la para- « lyser[2]. »

Il ne paraît pas que dans ces affaires la discussion ait porté

[1] *Journ. du dr. int. pr.*, 1878, p. 503.
[2] *Journ. du dr. int. pr.*, 1882, p. 309.

sur la partie du premier paragraphe de l'article 2 du traité invoqué, qui accorde aux Espagnols tous les droits (excepté les droits politiques), qui appartiennent aux Français.

Dans une autre espèce, concernant également des Espagnols, plaidant en nullité de mariage, la cinquième chambre du Tribunal de la Seine a décidé, en se bornant d'ailleurs à l'affirmer, que « la convention du 7 janvier 1862 est relative aux débats entre Français et Espagnols, mais non entre deux Espagnols[1]. »

Si cette jurisprudence du Tribunal de la Seine avait triomphé, la convention franco-espagnole, nous pouvons dire toute convention contenant la clause du « libre accès, » ne serait guère susceptible d'application, au point de vue de la compétence, dans les débats entre étrangers.

Cette clause aurait cependant encore son utilité; elle peut en effet être invoquée pour trancher d'autres questions que des questions de compétence.

Ainsi, il est admis aujourd'hui que le « libre accès » accordé par les traités à des étrangers équivaut pour eux à la dispense de la caution *judicatum solvi*[2], et c'est probablement en se référant à la jurisprudence sur ce point que la cinquième chambre du Tribunal de la Seine a pu dire, dans son jugement précité, que la convention franco-espagnole « n'est relative qu'aux débats entre Français et Espagnols. »

Nous pensons également que tout étranger qui jouit du bénéfice du « libre accès » auprès des Tribunaux peut réclamer l'assistance judiciaire, au même titre que les nationaux. Cependant M. Rouard de Card[3], dans son étude sur « l'assistance judiciaire et les étrangers, » ne comprend pas, parmi les conventions diplomatiques qui assurent aux étrangers le droit à l'assistance, celles qui contiennent la clause du « libre accès. »

[1] 9 avril 1882, *Droit* du 14 septembre, *Journ. du dr. int pr.*, 1883, p. 168.

[2] Trib. Seine, 22 février 1870, D. 70.3.78; — 23 nov. 1880, *Journ. du dr. int. pr.*, 1881, p. 575; — 2 avril 1881, *eod. loc.*, 1881, p. 423; — 8 juin 1882, *eod. loc.*, 1883, p. 300; — 10 mai 1883, *eod. loc.*, 1883, p. 610; — 15 juin 1887, *Droit* du 17 juin.

[3] *Journ. du dr. int. pr.*, 1887, p. 143.

Mais revenons à l'examen de cette clause, au point de vue de la compétence des Tribunaux.

La jurisprudence du Tribunal de la Seine qui s'était affirmée en 1878, 1881 et 1882 à l'occasion des traités franco-espagnols a été condamnée, et elle paraît aujourd'hui définitivement abandonnée depuis un arrêt de la Cour de Caen du 16 mai 1884 et l'arrêt de rejet de la Chambre des requêtes du 3 juin 1885.

Il s'agissait encore de deux Espagnols, qui plaidaient en séparation de corps. L'arrêt de la Cour de Caen est assez important pour que nous en reproduisions textuellement les termes :

« Attendu que les époux Corchon jouissent l'un et l'autre des « droits civils conférés aux Espagnols par le traité international du « 7 janvier 1862 intervenu entre la France et l'Espagne; qu'il est « énoncé d'abord dans le préambule de ce traité que les Hautes Par- « ties contractantes désirent déterminer « avec toute l'extension « possible, les droits civils de leurs sujets respectifs ; » que l'article « 1er autorise les sujets des deux pays à voyager et résider sur les « territoires respectifs comme les nationaux, à s'établir où ils juge- « ront convenables, etc. ; que l'article 2 porte que : « Les Français « en Espagne et les Espagnols en France auront un libre et facile « accès auprès des Tribunaux de justice, tant pour réclamer que « pour défendre leur droits à tous les degrés de juridiction établis « par les lois ; qu'ils jouiront, sous ce rapport, des mêmes droits « et avantages déjà accordés ou qui seraient accordés aux natio- « naux ; »

« Attendu que les époux Corchon autorisés ainsi à s'établir en « France y sont, de fait, établis depuis longtemps; qu'ils jouissent « l'un et l'autre, en vertu de l'article 2 du traité susénoncé des « mêmes droits que les nationaux, tant pour réclamer que pour dé- « fendre devant les Tribunaux français; que la dame Corchon peut, « dès lors, citer un étranger devant les Tribunaux français, exacte- « ment comme si elle était Française; qu'il n'y a pas à distinguer si « cet étranger appartient au même pays qu'elle, ou s'il est son mari ; « qu'il n'y a pas davantage de distinction ou d'exception à faire pour « les demandes en séparation de corps, qu'aucune disposition de loi « n'excepte de la compétence attribuée aux Tribunaux français. »

Voici maintenant la partie de l'arrêt de rejet de la Cour de cassation du 3 juin 1885, répondant au moyen du pourvoi sur la question de compétence et d'application des traités :

« Attendu qu'aux termes de l'article 2 de la convention entre la « France et l'Espagne, du 7 janvier 1862, et de l'article 3 de la « convention du 6 février 1882, entre les mêmes puissances, cette « dernière sanctionnée par la loi du 12 mai 1882, les Espagnols « en France ont les mêmes droits, à l'exception seulement des droits « politiques, que ceux qui sont accordés aux Français, et notam- « ment le libre et facile accès de tous les Tribunaux, soit en deman- « dant, soit en défendant[1]. »

Le Tribunal de la Seine s'est rangé lui-même à cette jurisprudence par un récent jugement de la première Chambre, du 6 décembre 1887[2]; dans cette dernière espèce — il n'est peut-être pas inutile de le faire observer — le débat (demande en divorce) s'agitait entre Portugais, domiciliés de fait en France, et le traité sur lequel est basée la décision ne contient pas la disposition générale du premier paragraphe de l'article 2 de la convention franco-espagnole du 6 février 1882; le traité franco-portugais du 9 mars 1853 a accordé simplement au Portugais le « libre et facile accès auprès des Tribunaux[3]. »

Voici en quels termes le tribunal a repoussé l'exception d'incompétence :

« Attendu que le traité du 9 mars 1853, intervenu entre la France « et le Portugal, a assuré aux citoyens et sujets des deux pays le « libre accès auprès des Tribunaux pour la défense de leurs droits; « que la dame Domingués, même en la supposant Portugaise, était « donc en droit d'assigner son mari devant la justice française; que

[1] S. 85.1.417, D. 85.1.409; *Revue critique*, 1886, p. 677 (*Examen doctrinal*, par M. Chausse).

[2] *Droit* du 17 décembre 1887.

[3] Nous éprouvons quelque doute sur l'application faite par le Tribunal, du traité du 9 mars 1853. Ce traité franco-portugais (commerce et navigation) a fait place au traité de commerce et de navigation du 11 juillet 1866, puis à celui du 19 décembre 1881, qui ne reproduisent pas la clause du « libre accès » du traité de 1853.

« celui-ci ne pouvait décliner la compétence de cette juridiction que « dans les mêmes conditions qu'un Français, c'est-à-dire en se pré- « valant du lieu de son domicile et en opposant cette exception au « début de l'instance. »

Et comme le mari défendeur prétendait que, la loi portugaise n'admettant pas le divorce, les juges français ne pouvaient en aucun cas lui faire à lui-même et à sa femme l'application d'une loi contraire à leur statut personnel, la première Chambre a ajouté :

« Mais attendu qu'il resterait à rechercher tout d'abord si Domin- « guès est Portugais; que le traité précité n'ayant fait aucune ré- « serve en ce qui concerne l'étendue de la juridiction attribuée aux « Tribunaux français à l'égard des Portugais, ces Tribunaux ont « compétence pour connaître des questions d'état et de statut person- « nel, et notamment dans l'espèce pour apprécier si, d'après les « lois portugaises, Dominguès a conservé ou acquis cette nationa- « lité. »

§

Les décisions que nous venons de citer ont statué entre *compatriotes* ayant leur *domicile de fait en France.*

La Cour de cassation, dans l'arrêt du 3 juin 1885, a particulièrement insisté sur cette dernière circonstance; les époux Corchon étaient établis en France depuis trente ans, et « leur présence en France, a dit la Cour, ne pouvait être considérée comme un moyen dont l'une des parties aurait abusé pour se soustraire à la juridiction des Tribunaux espagnols. »

Le Tribunal de la Seine, dans son jugement du 6 décembre 1887, décide que le défendeur ne peut décliner la compétence des Tribunaux français que dans les mêmes conditions qu'un Français, en se prévalant du lieu de son domicile; c'est admettre implicitement que la clause du « libre accès » cesse d'être applicable entre compatriotes lorsque le défendeur habite un pays étranger.

Enfin cette dernière solution résulte expressément d'un jugement de la première Chambre du Tribunal de la Seine rendu entre Espagnols, et déclarant que le traité du 6 février 1882 ne peut être invoqué que par des Espagnols résidant en France[1].

Ainsi restreinte dans son application, la clause des traités est encore d'une grande importance pratique, en matière de compétence.

Elle permet, en effet, aux étrangers établis en France, lorsque des contestations s'élèvent entre eux, de les porter devant les Tribunaux français, sans que ceux-ci puissent user de la faculté de se dessaisir; leur compétence est *obligatoire*, même sur les questions d'état.

Il faut encore observer que les jugements rendus entre Français par les Tribunaux étrangers en vertu de la clause du « libre accès, » doivent produire leurs effets en France, et, s'il y a lieu, y être rendus exécutoires, sans qu'on puisse exciper de l'incompétence des juges étrangers. La jurisprudence qui, en principe, réserve exclusivement aux Tribunaux français la connaissance des contestations entre Français, principalement en matière d'état[2], ne serait pas applicable à deux Français qui, à l'étranger, en Espagne par exemple, auraient obtenu un jugement de séparation de corps. Les Tribunaux doivent, en effet, respecter les clauses d'un traité diplomatique, comme ils sont tenus d'observer leur loi nationale.

Mais on peut se demander s'il est nécessaire, pour que la

[1] 13 janvier 1883, *Journ. du dr. int. pr.*, 1883, p. 169.

[2] Paris, 11 décembre 1808 (S. chr.); — Rouen, 25 mai 1813 (S. chr.); — Trib. Seine, 30 juin 1876, *Journ. du dr. int. pr.*, 1877, p. 147; — Paris, 28 mai 1884, *eod. loc.*, 1884, p. 623. — Moreau, *Effets intern. des jug.*, p. 53. — Voy. toutefois Trib. Seine, 4 juin 1885, *Droit* du 5 juin, avec les conclusions de M. Cruppi. — Vraye et Gode, *Du divorce*, n. 920; Chausse, *Rev. crit.*, 1886, p. 683; Pilicier, *Divorce et séparation en dr. int.*, Lausanne, 1887, p. 85 et s. — La jurisprudence paraît devoir se modifier; deux jugements récents de la première Chambre du Tribunal de la Seine ont déclaré exécutoires en France des décisions étrangères ayant prononcé la séparation de corps ou le divorce entre époux français, 11 février 1886 (aff. Riboulet); — 2 août 1887, *Journ. du dr. int. pr.*, 1888, p. 86.

clause du « libre accès » reçoive application, que les parties soient de même nationalité et domiciliées en France?

Il ne paraît pas qu'il puisse s'élever de difficulté sur la nécessité, pour le demandeur, d'appartenir à un pays dont les sujets ont « libre et facile accès » auprès des Tribunaux. Mais ne pourrait-il pas, quoique non domicilié en France, se prévaloir du traité vis-à-vis d'un compatriote qui aurait son domicile sur notre territoire?

Que déciderait-on dans le cas où le débat s'agiterait entre deux étrangers de nationalité différente et appartenant l'un et l'autre à un pays dont les ressortissants jouiraient, en vertu des traités, du privilège du « libre accès » auprès des Tribunaux?

Que décider encore dans l'hypothèse moins favorable où le défendeur ne jouirait pas de ce privilège, et ne serait même pas domicilié en France?

La clause du « libre accès » permet-elle au demandeur de réclamer à son profit le bénéfice des dispositions de l'article 14 du Code civil?

M. Gerbaut[1], un des rares auteurs, à notre connaissance, ayant abordé cette question et qui la traite en supposant que le débat s'agite entre deux compatriotes, enseigne, conformément au jugement précité du Tribunal de la Seine du 13 janvier 1883, que les traités ont eu pour but de prévoir spécialement le cas où les deux plaideurs étrangers se trouvent sur le territoire français au moment de l'introduction de l'instance, et qu'ils ne permettent pas d'appliquer une disposition aussi exorbitante que celle de l'article 14 du Code civil[2].

« Les conventions, dit cet auteur, passées pour la plupart avec « des États éloignés de la France, ont eu pour but d'assurer aux « étrangers qui se trouvent en France le bénéfice de notre juridic- « tion et de les dispenser de la nécessité d'aller plaider au loin de- « vant les juges de leur pays, afin d'éviter un retard préjudiciable « et des déplacements coûteux, et de favoriser ainsi leurs transac-

[1] *Op. cit.*, p. 345, n. 278.

[2] Dans le même sens, voy. Chausse, *Examen doctrinal, Revue critique*, 1886, p. 679.

« tions, en leur assurant une prompte solution pour les procès qui « pourront s'élever entre eux. Autant il nous paraît certain que telle « a été l'hypothèse prévue par les auteurs de ces conventions, au- « tant nous avons peine à croire qu'ils aient entendu permettre à « un étranger de soustraire à ses juges naturels un habitant du Pé- « rou ou de la Perse [1], pour le faire condamner en France et aller « ensuite faire mettre le jugement à exécution dans le pays étran- « ger, où le défendeur a fixé le centre de ses intérêts et de sa for- « tune. »

Si tel est l'esprit qui a dicté la clause du « libre accès, » les considérations développées par M. Gerbaut constituent un puissant argument en faveur de la compétence des Tribunaux français, toutes les fois que le débat s'élève entre étrangers qui, quoique de nationalité différente, appartiennent à des pays dont les ressortissants jouissent du privilège du « libre et facile accès. »

Dans son arrêt précité de 1884, la Cour de Caen est allée plus loin en déclarant que le demandeur pouvait, « exactement comme s'il était Français, citer un étranger devant les Tribunaux français, sans qu'il y ait à distinguer si cet étranger appartient au même pays que lui [2]. »

Mais il ne faut pas perdre de vue que dans cette espèce la partie demanderesse était espagnole, et que les traités franco-espagnols ne se bornent pas à accorder aux étrangers le « libre accès » auprès des Tribunaux; ils leur reconnaissent expressément « tous les droits et privilèges dont jouissent les nationaux. »

[1] La Perse est un des pays qui jouissent du traitement de la nation la plus favorisée.

[2] La jurisprudence qui, en vertu de la clause du « libre accès, » dispense les étrangers de l'obligation de fournir la caution *judicatum solvi,* admet implicitement qu'elle ne s'applique pas uniquement aux contestations entre *étrangers*.

§

Il nous reste à indiquer les pays qui ont conclu avec la France des traités accordant à leurs ressortissants « libre et facile accès auprès des Tribunaux. » En outre de l'*Espagne* et du *Portugal*[1] dont les conventions ont fait déjà l'objet de décisions de justice que nous avons examinées, nous signalerons les États suivants :

Bolivie, traité du 9 décembre 1834; — *Chili,* traité du 15 septembre 1846; — *Costa-Rica,* traité d'accession du 12 mars 1848; — *Equateur,* traité du 6 juin 1843; — *Guatemala,* traité du 8 mars 1848; — *Mexique,* traité du 27 novembre 1886[2]; — *Nicaragua,* traité du 11 avril 1859; — *Nouvelle-Grenade,* traité du 15 mai 1856; — *Paraguay,* traité du 4 mars 1853; — *Pérou,* traité du 10 mars 1862; — *République Dominicaine,* traité du 9 septembre 1882; — *République Sud-Africaine,* traité du 10 juillet 1885; — *Russie,* traité du 1er avril 1874; — *Sandwich* (Iles), traité du 29 octobre 1857; — *San-*

[1] Grâce à la nouvelle jurisprudence, les Anglais pourraient peut-être aujourd'hui se prévaloir, avec plus de succès qu'en 1857, des dispositions de l'article 8 du traité du 11 avril 1713, en admettant que ce traité ait été jamais obligatoire et qu'il soit encore en vigueur. Voy., sur ce point, le rapport de M. Nachet, S. 57.1.161.

[2] Le traité conclu entre la France et les États-Unis du Mexique le 27 novembre 1886, n'emploie pas les expressions « libre et facile accès, » mais une formule équivalente; l'article 3 de ce traité est ainsi conçu : « Les citoyens des deux nations jouiront, dans l'un ou l'autre État, de la plus « complète et constante protection pour leurs personnes et leurs propriétés. « Ils pourront avoir recours aux Tribunaux de justice pour la poursuite et la « défense de leurs droits dans toutes les instances et à tous les degrés de « juridiction établis par les lois. Ils seront libres d'employer les avocats, « avoués ou agents de toutes classes auxquels ils jugeront à propos de recourir pour les représenter et agir en leur nom, le tout conformément aux « lois du pays; enfin, ils jouiront sous ce rapport des mêmes droits et privilèges qui sont ou seront accordés aux nationaux, et ils seront soumis, « pour la jouissance de ces franchises, aux mêmes conditions que ces derniers. »

Salvador, traité du 2 janvier 1858; — *Serbie,* traité du 18 janvier 1883 [1].

On peut se rendre compte par cette étude, si incomplète qu'elle soit, que le droit conventionnel, sans parler du traité franco-suisse du 15 juin 1869 et des conventions qui assurent aux étrangers le traitement de la nation la plus favorisée, occupe une place importante, même en matière de compétence.

Que de fois les Tribunaux auraient statué autrement ou par d'autres motifs, sur des questions de compétence, notamment entre Russes [2], si les traités avaient été appliqués comme ils le sont aujourd'hui.

[1] Le traité du 18 janvier 1883 accorde en même temps le traitement de la nation la plus favorisée aux Français en Serbie et aux Serbes en France.

[2] Trib. Seine, 7 mai 1885, *Droit* du 13 mai ; — 7 avril 1886, et Paris, 6 juillet 1886, *Journ. du dr. int. pr.,* 1886, p. 192 et 328.

II.

Clause du « traitement de la nation la plus favorisée. »

La clause du « traitement de la nation la plus favorisée » forme l'accessoire ou plutôt le complément des dispositions d'un grand nombre de traités, généraux ou spéciaux : traités de commerce, de navigation, d'amitié, d'établissement, conventions consulaires, traités pour la protection de la propriété littéraire et artistique, etc... Parfois elle constitue la clause essentielle de la convention[1].

Nous n'entreprendons pas de dresser la liste de tous les actes diplomatiques où elle se rencontre et où elle affecte un caractère tantôt général, tantôt spécial. On en a réclamé l'application avec plus ou moins de succès dans les matières les plus diverses.

En 1865, lorsque la France eut signé avec la Principauté de Monaco une convention[2] qui n'était qu'une union douanière et qui assimilait les navires monégasques aux navires français, plusieurs États auxquels les conventions de navigation accordaient le traitement de la nation la plus favorisée réclamèrent, en vertu de cette disposition, le droit pour leurs nationaux de faire le cabotage en France. Leur prétention fut repoussée par la raison qu'une union douanière ne saurait être confondue avec un traité de commerce ou de navigation[3].

Jusqu'à ces derniers temps, c'est en vertu de la clause « du

[1] Traité de commerce entre la France et l'Autriche-Hongrie, signé le 18 février 1884.

[2] 9 novembre 1865.

[3] Circul. minist. aux Chambres de commerce; De Clercq, *Rec. des traités*, 1865, t. 9, p. 408; *Rev. de dr. int.*, 1871, p. 316. — Cette prétention, condamnée en 1865 par le ministre de commerce, M. Béhic, a cependant été reprise et développée en Belgique. — Voy. Barège, *La Principauté de Monaco au point de vue du droit international*, Bruxelles, 1870.

traitement de la nation la plus favorisée » que les Italiens ont été maintenus dans le droit de se livrer à la pêche sur les côtes françaises de la Méditerranée [1].

Dernièrement, devant le Tribunal de la Seine, on a soutenu. en se prévalant de la clause du « traitement de la nation la plus favorisée » inscrite dans les traités franco-turcs de 1802 et de 1838 et notamment dans le traité de Paris du 30 mars 1856 (art. 32) [2], que la femme ottomane avait droit à l'hypothèque légale sur les biens de son mari, en France, comme la femme italienne ou la femme suisse, qui jouissent de cette garantie en vertu de traités [3]. Ce moyen, qui paraît n'avoir été développé qu'en plaidoirie, a été abandonné pour faire place à un autre tiré d'une prétendue réciprocité diplomatique qui existerait entre la France et la Turquie par la combinaison de la loi turque du 7 sepher 1284 (16 juin 1867) et du protocole du 9 juin 1868. Le Tribunal [4] a consacré ce dernier système sur lequel la Cour d'appel aura bientôt à se prononcer.

C'est grâce à la clause du « traitement de la nation la plus favorisée » insérée dans la convention franco-belge de 1861 pour la

[1] Annexes au traité de commerce du 3 novembre 1881, aujourd'hui expiré après dénonciation. — Rapport à la Chambre des députés de M. Letellier (loi du 1er mars 1888 sur la pêche côtière). — Dépêche minist., 22 juillet 1886; — 7 août 1886, *Rev. int. du dr. marit.*, 1886-87, p. 235.

[2] L'article 32 du traité du 30 mars 1856 est ainsi conçu : « Jusqu'à ce « que les traités ou conventions qui existaient avant la guerre entre les « puissances belligérantes aient été ou renouvelés ou remplacés par des « actes nouveaux, le commerce d'importation ou d'exportation aura lieu « réciproquement sur le pied des règlements en vigueur avant la guerre; « et leurs sujets, *en toute autre matière*, seront respectivement traités sur « le pied de la nation la plus favorisée. »

[3] Pour la femme italienne, voy. : Cass., 5 février 1872, S. 72.1.190, D. 72.1.176; — 5 novembre 1878, D. 78.1.476; — 2 août 1880, S. 82.1.401; — 23 mai 1883, S. 83.1.397. — Pour la femme suisse, voy. : Paris, 19 août 1851, S. 53.2.117, D. 54.2.13; — Trib. Seine, 9 juillet 1878, *Journ. du dr. int. pr.*, 1879, p. 392. — La femme espagnole ou serbe pourrait également réclamer le bénéfice de l'hypothèque légale en vertu des traités du 6 février 1882 et du 18 janvier 1883.

[4] (2e ch.), 3 mars 1888 (Aff. Ben-Aiad), *Droit* du 25 mars 1888, avec les conclusions de M. le substitut Duval.

protection de la propriété littéraire et artistique, que les auteurs dramatiques français ont réussi à interdire la représentation en Belgique de leurs œuvres, sans leur autorisation, alors que la convention, prise isolément, permettait de représenter les œuvres dramatiques moyennant le paiement de droits d'auteur déterminés [1].

Plusieurs fois, dans des litiges qui mettaient en question l'étendue des prérogatives et des pouvoirs des agents consulaires étrangers, on a invoqué la clause qui nous occupe [2].

Comme dernier exemple, nous citerons l'affaire du Crédit foncier suisse qui s'est terminée l'année dernière en audience solennelle devant la Cour d'appel d'Amiens [3] :

La Chambre syndicale des agents de change de Paris était poursuivie par la masse des créanciers de la faillite de la société du Crédit foncier suisse qui entendaient rendre les agents de change responsables à raison de l'admission des titres de la société à la cote de la Bourse de Paris. La demande a été rejetée, et, entre autres motifs, la Cour d'appel d'Amiens a décidé que la clause du traitement de la nation la plus favorisée, du traité d'établissement franco-suisse du 30 juin 1864 [4], avait permis au Crédit foncier suisse, ayant l'apparence d'une société suisse, de réclamer l'application du traité franco-belge du 1er mai 1861 (art. 36) [5], aux termes duquel les titres émis par les sociétés

[1] Bruxelles, 17 mai 1880, *Ann. de la propr. industr.*, 1880, p. 327; — 3 août 1880, *eod. loc.*, 1881, p. 196. — Cattreux, *Le théâtre et les auteurs dramatiques*. — La convention de 1881 ne reproduit plus le tarif inséré dans celle de 1861.

[2] Voy. *Journal des arrêts de Bordeaux*, 1845, p. 514; — Paris, 21 août 1852, D. 54.5.683; — Cass., 23 décembre 1854, S. 54.1.811; — *Journ. du dr. intern. pr.*, 1885, p. 308.

[3] 13 juillet 1887, *Journ. du dr. intern. pr.*, 1888, p. 101. — La Cour d'Amiens statuait comme Cour de renvoi après l'arrêt de la Cour de cassation du 5 mai 1886.

[4] Remplacé aujourd'hui par le traité du 23 février 1882, dont l'article 6 équivaut à la clause du traitement de la nation la plus favorisée.

[5] Le traité de commerce franco-belge du 31 octobre 1881, actuellement en vigueur, ne reproduit pas la clause de la convention de 1861 (art. 36); cette omission a eu pour résultat de faire tomber la vente et l'émission des valeurs

anonymes de Belgique cotés à la Bourse de Bruxelles devaient être admis à la cote officielle des Bourses de France.

§

Les applications les plus intéressantes et en même temps les plus pratiques, qui aient été faites par les tribunaux, de la clause du « traitement de la nation la plus favorisée » ont tranché des questions de compétence; l'examen de cette jurisprudence, qui marque une tendance qu'il est permis de regretter, rentre particulièrement dans le sujet de notre étude.

La plus importante des décisions rendues est un arrêt de la Cour suprême du 22 juillet 1886[1], qui a rejeté le pourvoi formé contre un arrêt de la cour d'appel de Paris du 5 mars 1885[2].

Il s'agissait dans l'espèce d'une demande de pension alimentaire formée entre Brésiliennes, la mère et la fille; l'exception d'incompétence opposée par la défenderesse a été repoussée successivement par le Tribunal et par la Cour.

Le caractère même de la demande, joint à cette circonstance que les parties étaient domiciliées de fait en France, suffisait, d'après le droit commun — nous le disons en nous appuyant sur de nombreuses décisions[3] — pour permettre au juge français

à lots belges en France, et des valeurs à lots françaises en Belgique, sous l'application des lois prohibant les loteries. — Loi française du 21 mai 1836; — lois belges des 31 décembre 1851 et 30 décembre 1867; — art. 410 et 411, Cod. pén. franç.; — art. 301 et 304, Cod. pén. belg. — V. Douai, 6 août 1883, *Journ. du dr. int. pr.*, 1884, p. 190; — Trib. corr. Seine, 18 juin 1885, S. 86.2.165; — Poitiers, 12 novembre 1886, *Loi* du 9 janvier 1887; — Cass., Belg., 18 juillet 1887, *Journ. des trib.* (Bruxelles) du 4 août 1887; — Liège, 1er mars 1888, *Belg. jud.*, 1888, p. 399; — Laurens, *Journ. du dr. int. pr.*, 1886, p. 571.

[1] Cass., req., 22 juillet 1886, S. 87.1.69, D. 87.1.227.

[2] *Journ. du dr. int. pr.*, 1885, p. 670.

[3] Vincent et Pénaud, *Dictionn. de dr. int. pr.*, v° *Aliments*, n. 12, et v° *Compétence en matière civile*, n. 278.

de retenir la cause ; cependant le Tribunal de la Seine et la Cour d'appel de Paris ont accueilli, pour motiver leur compétence, un moyen tiré des dispositions de l'article 6 du traité d'amitié, de commerce et de navigation, conclu entre la France et le Brésil le 7 janvier 1826.

Voici les termes de cet article :

« Les sujets de chacune des Hautes Parties contractantes, en res-
« tant soumis aux lois du pays, jouiront en leurs personnes dans
« toute l'étendue du territoire de l'autre, des mêmes droits, privi-
« lèges, faveurs, exemptions qui sont ou seront accordés aux sujets
« de la nation la plus favorisée. Ils pourront disposer librement de
« leurs propriétés par vente, échange, donation, testament, ou de
« toute autre manière, sans qu'il y soit mis aucun obstacle ou em-
« pêchement. Leurs maisons, propriétés et effets ne pourront être
« saisis par aucune autorité contre la volonté de leurs possesseurs.
« Ils seront exempts de tout service militaire de quelque nature que
« ce soit, et de tous emprunts forcés ou impôts et réquisitions mili-
« taires. Ils ne seront tenus à payer aucunes contributions ordi-
« naires plus fortes que celles que paient ou viendraient à payer les
« sujets du souverain dans les États duquel ils résident. »

Le Tribunal de la Seine, dont le jugement a été confirmé par adoption de motifs, est ainsi conçu, sur la question de compétence qui nous occupe :

« Attendu qu'aux termes du traité intervenu entre la France et le
« Brésil, le 6 janvier 1826, les sujets de chacune des Hautes Parties
« contractantes doivent jouir quant à leurs personnes dans toute l'é-
« tendue du territoire de l'autre des mêmes droits, privilèges, fa-
« veurs, exemptions, qui sont ou seraient accordés aux sujets de la
« nation la plus favorisée ;

« Attendu qu'en ce qui concerne la compétence, la nation la plus
« favorisée est la Suisse ;

« Que l'article 2 du traité du 15 juin 1869 décide que dans les
« contestations entre Suisses qui seraient tous domiciliés en France,
« le demandeur pourra saisir le Tribunal du domicile du défendeur

« sans que les juges puissent se déclarer incompétents à raison de « l'extranéité des parties contractantes. »

Sur le pourvoi, la Chambre des requêtes a déclaré :

« Que des dispositions combinées de l'article 6 du traité de 1826 « et de l'article 2 de la convention diplomatique de 1869, il résulte « que dans les contestations entre Brésiliens qui seraient tous domi- « ciliés en France, il est permis au demandeur de saisir le Tribunal « du domicile du défendeur, sans que les juges puissent refuser de « juger et se déclarer incompétents à raison de l'extranéité des par- « ties contractantes... »

Les décisions que nous venons de rappeler procèdent par affirmation, on y chercherait vainement la trace d'une discussion sur la lettre et l'esprit du traité. Cependant la question est grave, d'autant plus que la jurisprudence, qui s'est ainsi affirmée à propos d'une simple exception d'incompétence, a une portée très générale. Il en ressort que la clause du « traitement de la nation la plus favorisée, » lorsqu'elle est conçue dans les termes généraux qui se rencontrent dans le traité franco-brésilien de 1826, permet d'invoquer toute disposition plus favorable d'un traité au profit des sujets d'une tierce personne. On aperçoit dès lors combien devient vaste le domaine d'application de cette clause; elle va produire ses effets non seulement en matière de compétence, mais en matière de faillite, d'interdiction et de tutelle, de succession, de propriété industrielle, d'hypothèque légale, de caution *judicatum solvi,* d'assistance judiciaire, etc...

Pour ne parler que des questions de compétence nous devons conclure de la jurisprudence que si le traité franco-suisse est applicable dans les contestations entre Brésiliens, le même traité devra être également appliqué dans les procès entre Français et Brésiliens, comme dans les litiges entre Français et Suisses; c'est dire qu'en principe, le Brésilien ne pourra être assigné par le Français en matière commerciale comme en matière civile, que devant le Tribunal de son domicile, alors même que ce domicile serait établi au Brésil, car le traité franco-suisse déroge aux règles de l'article 14 du Code civil, comme à celles de l'article 420 du Code de procédure civile[1].

On pourrait reprendre ici une à une la plupart des questions, souvent fort délicates, que soulève l'application du traité franco-suisse, en matière de compétence.

Ainsi, entre Brésiliens comme entre Suisses, peut se poser la question de savoir si les contestations en matière d'état et notamment les demandes en séparation de corps ou en divorce sont comprises dans les contestations en matière mobilière et personnelle dont parle le traité de 1869[2]; mais il faut observer qu'en admettant avec la jurisprudence du Tribunal de la Seine et la jurisprudence suisse que ces contestations ne rentrent pas dans celles prévues par la convention, la clause du « traitement de la nation la plus favorisée » permettrait à des époux étrangers, à des époux Brésiliens par exemple, s'ils sont domiciliés en France, d'invoquer les dispositions des traités qui renferment la clause du « libre et facile accès, » en vertu de laquelle, ainsi que nous l'avons vu dans l'étude qui précède, les Tribunaux français se sont déclarés compétents, même en matière d'état.

§

L'arrêt de la Chambre des requêtes du 22 juillet 1886 ne parait avoir soulevé jusqu'ici aucune critique en France; il est enregistré purement et simplement par les recueils de Sirey et

[1] Trib. Versailles, 10 février 1882, *Journ. du. dr. int. pr.*, 1883, p. 156; — Besançon, 29 juin 1885, S. 86.2.229; — Trib. comm. Seine, 22 août 1885, *Droit* du 4 septembre. — Brocher, *Commentaire du traité franco-suisse*, p. 20.

[2] Bien qu'un arrêt de la Cour de cassation du 1er juillet 1878 ait décidé que les demandes en séparation de corps étaient comprises dans les contestations auxquelles s'applique le traité, la jurisprudence suisse et française, notamment la jurisprudence du Tribunal de la Seine (4e ch.) est en sens contraire. — V. Vincent et Pénaud, *Dictionnaire de dr. int. pr.*, v° *Compétence en matière civile*, n. 473 et s., et à l'appendice, *eod. verb.*, n. 475.

de Dalloz, pour ainsi dire sans commentaires, et la *Revue critique* n'en parle pas dans l'examen doctrinal qu'elle consacre chaque année au droit international privé. Cependant nous avons noté dans une dissertation étrangère que nous avons déjà citée[1] quelques réflexions que voici :

« Nous avons beaucoup de peine à admettre que le traité franco-« brésilien de 1826 puisse avoir la portée que veut lui attribuer la « Cour de cassation, et qu'il soit de nature à modifier, à l'égard des « sujets Brésiliens, les règles ordinaires admises par la jurisprudence « en matière de contestation entre étrangers. Ce traité est en effet « tout différent de la convention franco-suisse de 1869 ; c'est un « simple *traité d'amitié, de commerce et de navigation*, sans aucune « portée quelconque en matière de législation civile, de compétence « judiciaire et de jouissance de droits civils. Il s'agit là uniquement « de régler le droit, pour les sujets des Hautes Parties contractantes, « de s'établir sur le territoire de l'autre, d'y faire le commerce, d'y « posséder des immeubles, bref, de ce qu'on appelle le droit d'établis-« sement dans un pays, sans pour cela être soumises à des mesures « exceptionnelles par le fait de leur qualité d'étrangers[2]. »

Après avoir essayé de démontrer que le texte de l'article 6 du traité de 1826 répugne à l'application qu'en a faite la Cour de cassation, le même auteur ajoute :

[1] Pilicier, *Le divorce et la séparation de corps en droit international privé*, p. 63.

[2] Dans le même sens, voy. Roguin, note sous Trib. fédéral (Suisse), 6 juillet 1878, *Journ. du dr. int. pr.*, 1880, p. 398.

« Les traités d'établissement, dit M. Roguin, en parlant du traitement « des citoyens quant à leur personne et à leurs biens, n'ont pas eu en vue « le règlement des questions rentrant dans l'administration de la justice. Il « suffirait pour le prouver au regard de la France, par exemple, de rappe-« ler que peu de temps après la conclusion des derniers traités d'établisse-« ment (avec la Suisse) (1827 et 1864), il a été signé des conventions indé-« pendantes sur les matières civiles (1828 et 1869). Comme les actes de « la première espèce renferment le plus souvent la clause de la « nation la « plus favorisée, » la confusion des deux domaines conduirait au singulier « résultat que les dispositions des rares traités de droit civil seraient appli-« cables à peu près entre tous les États : conclusion inadmissible. »

« D'ailleurs il n'est pas possible de soutenir que les négociateurs « du traité franco-brésilien aient eu, en 1826, l'intention de fixer des « règles de compétence obligatoires pour leurs tribunaux respectifs « à l'égard des ressortissants de l'un des États dans l'autre. Ils n'en « ont certainement pas eu la moindre idée, et c'est à tort que la Cour « de cassation veut étendre l'article 6 à des matières qu'il ne com- « prend point. »

Ces observations à l'adresse du traité franco-brésilien n'ont plus la même valeur lorsqu'on envisage d'autres traités où se rencontre la clause du « traitement de la nation la plus favorisée, » par exemple le traité conclu entre la France et la Serbie le 18 janvier 1883; l'article 4 de cette convention reconnaît en effet aux Français en Serbie et aux Serbes en France « les mêmes « droits (excepté les droits politiques) et les mêmes privilèges « qui sont ou seront accordés aux nationaux ou aux ressortis- « sants de la nation la plus favorisée... »

Le traité d'amitié conclu entre la France et la Perse le 12 juillet 1855 figure au nombre des conventions où se trouve la clause du « traitement de la nation la plus favorisée, » avec cette particularité qu'elle s'applique spécialement aux contestations des sujets persans soit entre eux, soit avec des sujets français ou étrangers; « elles doivent être jugées, dit l'article 5 du traité, suivant le *mode* adopté envers les sujets de la nation la plus favorisée. »

M. Chausse place ce traité à côté du traité franco-brésilien de 1826, parmi les conventions diplomatiques qui permettent de revendiquer le traitement de la nation la plus favorisée sur les questions de compétence[1]; d'où la conséquence qu'un Français ayant une contestation avec un sujet de la Perse domicilié dans ce dernier pays, devrait, comme lorsqu'il a contracté avec un Suisse, porter sa demande devant le Tribunal étranger du domicile, alors même qu'il s'agirait d'obligations commerciales nées en France et devant s'y exécuter; d'où la conséquence

[1] *Revue critique* (Examen doctrinal), 1886, p. 678. — Voy. aussi De Clercq et De Vallat, *Guide des consulats*, t. 2, p. 450.

encore que les Tribunaux *devraient* rester saisis d'une contestation d'état entre deux sujets persans domiciliés de fait en France, comme lorsqu'il s'agit de deux Espagnols. Ce résultat n'est-il pas la condamnation sinon de l'opinion de M. Chausse, du moins de l'œuvre des négociateurs du traité de 1855?

§

Si nous n'acceptons qu'à regret la jurisprudence qui s'est affirmée sur la portée de la clause du « traitement de la nation la plus favorisée » conçue en termes généraux, nous n'adhérons pas plus volontiers aux décisions qui ont été rendues sur les effets de la même clause, lorsqu'elle se rencontre avec un caractère spécial qui limite son application aux matières commerciales.

Les Tribunaux se sont prononcés à propos de l'article 11 du traité de Francfort du 10 mai 1871, qui pèse si lourdement sur le commerce de notre pays; voici les dispositions de cet article :

« Les traités de commerce avec les différents États de l'Allemagne « ayant été annulés par la guerre, le gouvernement français et le « gouvernement allemand prendront pour bases de leurs relations « commerciales le régime du traitement réciproque sur le pied de la « nation la plus favorisée.

« Sont compris dans cette règle les droits d'entrée et de sortie, le « transit, les formalités douanières, l'admission et le traitement des « sujets des deux nations, ainsi que de leurs agents.

« Toutefois, seront exceptées de la règle susdite les faveurs qu'une « des parties contractantes, par des traités de commerce, a accordées « ou accordera à des États autres que ceux qui suivent : l'Angle- « terre, la Belgique, les Pays-Bas, la Suisse, l'Autriche, la Rus- « sie... »

C'est en vertu de ce texte que le Tribunal de commerce de

Saint-Étienne[1], et, après lui, le Tribunal de commerce de la Seine[2] ont décidé que, dans les contestations commerciales, les Allemands ont le droit d'invoquer et qu'on peut invoquer contre eux[3], pour régler les questions de compétence, les dispositions du traité franco-suisse du 15 juin 1869.

Devant le Tribunal de Saint-Étienne il s'agissait de commerçants allemands, domiciliés en Allemagne, qui étaient assignés par des commerçants français, pour l'exécution d'un marché conclu en France, où la livraison des marchandises devait être effectuée; les défendeurs opposèrent l'incompétence en s'appuyant sur l'article 1er du traité franco-suisse qui déroge à l'article 420 du Code de procédure civile, et le tribunal leur a donné gain de cause en ces termes :

« Attendu que les assignés opposent à cette demande une excep-« tion d'incompétence tirée de ce qu'ils ne seraient pas justiciables « des Tribunaux français; qu'il s'agit d'examiner le mérite de cette « exception;

« Attendu que Weil frères (les demandeurs) ne peuvent pas invo-« quer et n'invoquent pas d'ailleurs l'article 14 du Code civil aux « termes duquel l'étranger même non résidant en France pourra « être cité devant les Tribunaux français pour l'exécution des obli-« gations par lui contractées en France avec un Français;

« Attendu qu'il existe, en effet, entre la France et l'Allemagne un « traité du 10 mai 1871, ratifié le 18 du même mois, lequel dérogeant « à l'article 14 du Code civil, porte dans son article 11, que les traités « de commerce avec les différents États de l'Allemagne ayant été « annulés par la guerre, le gouvernement français et le gouverne-« ment allemand prendront pour base de leurs relations commer-« ciales le régime du traitement réciproque sur le pied de la nation « la plus favorisée;

[1] 20 juillet 1886 (Weil frères c. Harburger Gummikamm et Cie).

[2] 29 mars 1888, *Droit* et *Gazette des tribunaux* du 11 avril 1888.

[3] Cependant, de ce qu'un étranger a le droit, en vertu de la clause du traitement de la nation la plus favorisée, de se prévaloir d'une disposition d'un traité, il ne s'ensuit pas qu'on puisse invoquer contre lui toute clause du même traité, qui serait moins favorable que le droit commun ou que les dispositions d'une autre convention diplomatique. — V. Darras, *Droit des auteurs et des artistes dans les rapports internationaux*, p. 558, n° 457.

« Or, attendu que sur ce point, la nation la plus favorisée est la « Suisse avec laquelle la France a conclu un traité à la date du 15 « juin 1869 promulgué par décret du 19 octobre même année, traité « qui dispose, dans son article 1er, que dans les contestations en ma- « tière mobilière et personnelle, civile ou commerciale, qui s'élève- « ront soit entre Français et Suisses, soit entre Suisses et Français, « le demandeur sera tenu de poursuivre son action devant les juges « naturels du défendeur;

« Attendu que Weil frères prétendent, il est vrai, faire résulter « la compétence du Tribunal de commerce de Saint-Étienne des dis- « positions de l'article 420 du Code de procédure civile donnant au « demandeur le choix d'assigner devant le Tribunal du domicile du « défendeur, devant celui dans l'arrondissement duquel la promesse « a été faite et la marchandise livrée, devant celui dans l'arrondisse- « ment duquel le paiement devait être effectué; qu'ils articulent que « la commande qu'ils ont faite l'a été à Saint-Étienne où devait avoir « lieu la livraison des marchandises et que c'est également à Saint- « Étienne que le paiement devait être effectué;

« Mais attendu que le Tribunal n'a pas à entrer dans l'examen de « ces deux derniers points; qu'en effet, les termes du traité avec la « Suisse, applicable à la cause, sont on ne peut plus clairs et précis « et ne distinguent en aucune façon la nature des contrats qui pour- « raient intervenir entre Français et Suisses ou entre Suisses et « Français pouvant donner lieu à une action en justice pour en faire « ordonner l'exécution; que dès lors, quelles que soient les circons- « tances dans lesquelles ces contrats auraient été formés et seraient « susceptibles de donner lieu à une action en justice, le défendeur « ne pourra être poursuivi que devant ses juges naturels ;

« Attendu qu'il suit de ce qui précède que c'est à tort que Weil « frères ont saisi le Tribunal de leur action. »

Le Tribunal de commerce de la Seine, appelé à statuer également sur la demande d'un Français contre un Allemand, a consacré la même doctrine et décidé que le traité franco-suisse était applicable; si le Tribunal a repoussé l'exception d'incompétence c'est qu'il a reconnu que le défendeur quoique domicilié en Allemagne avait une résidence à Paris où il avait loué un local et installé un dépôt, si bien qu'il y avait lieu de faire application de la partie finale du traité du 15 juin 1869, aux termes duquel, exceptionnellement, « l'action peut être portée devant les juges « du lieu où le contrat a été passé, à la condition que les parties « y résident au moment où le procès est engagé [1]. »

Cette jurisprudence n'est pas moins grave que celle de la Cour de cassation sur l'article 6 du traité franco-brésilien de 1826; elle doit permettre aux Allemands d'invoquer toutes les dispositions du traité franco-suisse en matière de compétence, en matière de faillite, et d'une façon générale toute disposition plus favorable d'un autre traité, dans les matières commerciales [2].

Les jugements qui précèdent se bornent encore à affirmer purement et simplement le principe de l'application du traité franco-suisse dans les affaires commerciales où des Allemands sont en cause. La question est donc si simple, et les termes de l'article 11 sont donc si clairs, qu'ils ne puissent laisser place à aucune difficulté ? Si cette solution s'impose, comment se fait-il qu'on ait attendu si longtemps pour demander aux Tribunaux de la consacrer ?

A notre avis, le Tribunal de la Seine et le Tribunal de Saint-Étienne ont donné à l'article 11 une portée que condamnent à la fois la lettre et l'esprit du traité.

Le premier alinéa de cet article, en effet, dispose que les *gouvernements* prendront pour bases de leurs relations commerciales le traitement réciproque de la nation la plus favorisée, il ne parle pas des relations d'individus à individus, et d'ailleurs, alors même que le texte viserait expressément les sujets des deux États dans leurs rapports privés, rien n'autorise à décider

[1] Sur ce point on peut reprocher au jugement du Tribunal de la Seine de méconnaître l'esprit du traité de 1869 qui, par *résidence,* dans la partie finale de l'article 1er, entend l'habitation matérielle, la présence réelle du défendeur dans le lieu où le contrat a été passé. — Voy. Colmar, 12 août 1850, S. 52.2.466, D. 52.2.143; — Trib. fédéral, 4 mai 1888, *Droit* des 4-5 juin 1888, *Sem. judic.*, 1888, p. 337; — Curti, *Der Staatsvertrag zwischen der Schweiz und Frankreich,* p. 57. — Voy. aussi *suprà,* p. 31, note 3.

[2] En matière civile il ne saurait être question de faire produire effet à l'article 11 du traité; c'est ainsi qu'il a été jugé qu'un Allemand ne pouvait échapper, en vertu de cet article, à l'obligation de fournir la caution *judicatum solvi* dont sont exempts par traités les sujets de plusieurs pays. — Trib. Bastia, 29 avril 1873, D. 73.3.79.

que le traitement de la nation la plus favorisée pris pour base des relations commerciales embrasse les règles de compétence.

Il faudrait de même un certain effort d'imagination pour attribuer cette signification aux expressions « admission et traitement » qui se trouvent dans le deuxième paragraphe de l'article.

Si on examine plus attentivement cet article 11, on ne peut s'empêcher d'observer qu'il ne fait que remplacer les *traités de commerce* anéantis par la guerre et qu'il n'entend viser que les faveurs pouvant appartenir à certains pays en vertu de *traités de commerce;* c'est ce qui nous paraît résulter manifestement du troisième alinéa de l'article.

Or, si des traités de commerce accordent à certains pays, soit le traitement des nationaux, soit le traitement de la nation la plus favorisée, en matière de commerce ou d'industrie, il n'a jamais été jugé jusqu'ici que les sujets de ces pays pouvaient bénéficier des dispositions plus favorables contenues dans certains traités, en matière de compétence, même dans les litiges commerciaux [1]. — Dans une espèce où un Américain assigné

[1] Voy. les traités conclus par la France avec : l'*Angleterre,* 28 février 1882 (art. 1er); l'*Autriche-Hongrie*, 18 février 1884 (art. 1er); le *Portugal*, 19 décembre 1881 (art. 1er). Voici les dispositions de l'article 1er du traité franco-anglais :

« Les tarifs de douanes, pour les marchandises et produits manufacturés « de France et d'Algérie à leur importation dans le Royaume-Uni et pour les « marchandises ou produits manufacturés du Royaume-Uni à leur importa- « tion en France et en Algérie devant demeurer réglés par la législation in- « térieure de chacun des deux États, la Hautes Parties contractantes se « garantissent réciproquement en France, ainsi qu'en Algérie et dans le « Royaume-Uni, *le traitement de la nation la plus favorisée en toute autre* « *matière.*

« Il est aussi entendu que, sous réserve de l'exception ci-dessus établie, « chacune des Hautes Parties contractantes s'engage à faire profiter l'autre, « immédiatement et sans condition, de toute faveur, immunité ou privilège, « en matière de commerce ou d'industrie, qui aurait pu ou pourrait être con- « cédé par une des parties contractantes à une tierce puissance en Europe « ou hors d'Europe.

« Il est parfaitement entendu qu'en tout ce qui concerne le transit, l'en- « magasinage, l'exportation, la réexportation, les taxes locales, le courtage, « les formalités de douanes, les échantillons et également en toute matière « concernant l'exercice du commerce et de l'industrie, ainsi que la résidence,

par un Français, en matière maritime, prétendait échapper à l'application de l'article 14 du Code civil, en invoquant les traités franco-américains de 1778, 1788, 1800, 1801 et 1853, combinés avec le traité franco-suisse, le Tribunal de commerce du Hâvre [1] a décidé :

« Que les traités existant entre la France et les États-Unis ne sti-« pulent que pour ce qui est relatif au commerce et à la navigation ; « que c'est pour cet objet seulement qu'ils disent que « les parties « contractantes jouissent des faveurs particulières accordées à une « autre nation. »

« Que dès lors ces traités ne peuvent permettre aux citoyens amé-« ricains de se prévaloir en France, à l'occasion des actions qui leur « sont intentées par des Français, des dispositions du traité inter-« venu entre la France et la Suisse le 15 juin 1869, pour régler cer-« taines questions de compétence et d'exécution des décisions judi-« ciaires. »

Pour terminer, nous signalerons en faveur de notre système sur l'article 11 du traité de Francfort un dernier argument qui consiste à soutenir que le paragraphe 2 de l'article contient une énumération limitative des matières auxquelles la clause s'applique. On a voulu trouver une preuve de la pensée des parties contractantes à cet égard dans cette circonstance qu'elles ont arrêté, par d'autres accords diplomatiques, des dispositions réglant des matières pour lesquelles on aurait pu invoquer la clause du traitement de la nation la plus favorisée; tels sont l'article 11 de la convention du 12 octobre 1871 et la déclaration du 8 octobre 1873, sur la protection des marques de fabrique, l'article 10 de la convention du 11 décembre 1871 relatif aux patentes.

Cette argumentation, qui n'a d'ailleurs pas grande valeur, a

« temporaire ou permanente, l'exercice d'un métier ou d'une profession, le « paiement de taxes ou autres impôts, de (*sic*) la jouissance de tous les droits « et privilèges légaux, comprenant le droit d'acquérir, de posséder et la libre « disposition de la propriété, les ressortissants britanniques en France ou « en Algérie, et les ressortissants français dans le Royaume-Uni, jouiront du « *traitement de la nation la plus favorisée.* »

[1] 6 mars 1878, *Recueil de jurisprud. du Hâvre*, 1878, p. 176.

été présentée en Allemagne après l'arrêté du 11 mars 1881 qui a interdit aux sociétés d'assurances étrangères de faire des opérations en Alsace-Lorraine et d'y exercer leur industrie, à moins d'autorisation. On invoquait précisément en faveur des sociétés françaises le bénéfice de l'article 11 du traité de Francfort, et on revendiquait à leur profit l'application de traités qui admettent les sociétés d'autres pays à exercer leur industrie en Alsace-Lorraine et à y faire valoir leurs droits en justice[1].

Le Tribunal supérieur de Leipzig n'a pas eu à se prononcer sur cette dernière question ; il s'est borné à réfuter incidemment une théorie des juges du fond qui avaient déclaré qu'en parlant de l'admission et du traitement des « sujets » des deux nations, l'article 11, § 2, ne visait que les personnes physiques et non pas les personnes morales[2].

Quoi qu'il en soit, ce que nous tenons à constater, c'est que l'arrêté du 11 mars 1881 prouve bien que l'autorité allemande n'entend pas élargir au profit des Français le sens et la portée de la clause du « traitement de la nation la plus favorisée; » nos Tribunaux ont donc bien tort de se montrer plus généreux à l'égard de nos voisins.

15 juillet 1888.

[1] En ce sens : Weiss, *Traité élémentaire de droit international privé*, p. 456; Kauffman, *Journ. du dr. int. pr.*, 1882, p. 145 et s.; Daguin, *eod. loc.*, 1883, p. 317.

[2] Colmar, 12 décembre 1881 et Trib. Leipzig, 14 avril 1882, *Journ. du dr. int. pr.*, 1882, p. 141 et s.

BAR-LE-DUC, IMPRIMERIE CONTANT-LAGUERRE.

www.ingramcontent.com/pod-product-compliance
Ingram Content Group UK Ltd.
Pitfield, Milton Keynes, MK11 3LW, UK
UKHW021042180726
13838UKWH00004B/1957